얼마나 많은 물이 순정한 시간을 살까

시산맥 시혼시선 001

초판 1쇄 발행 | 2020년 01월 23일

지 은 이 | 장순금
펴 낸 이 | 문정영
펴 낸 곳 | 시산맥사
편집위원 | 강경희 박성현 전철희 한용국
등록번호 | 제300-2013-12호
등록일자 | 2009년 4월 15일
주　　소 | 03131 서울특별시 종로구 율곡로 6길 36.
　　　　　 월드오피스텔 1102호
전　　화 | 02-764-8722, 010-8894-8722
전자우편 | poemmtss@hanmail.net
시산맥카페 | http://cafe.daum.net/poemmtss

ISBN 979-11-6243-101-6 (03810)

값 10,000원

* 이 책은 전부 또는 일부 내용을 재사용하려면 반드시 저작권자와 시산맥사의 동의를 받아야 합니다.
* 이 도서의 국립중앙도서관 출판시도서목록(CIP)은 서지정보유통지원시스템 홈페이지(http://seoji.nl.go.kr)와 국가자료공동목록시스템(http://www.nl.go.kr/kolisnet)에서 이용하실 수 있습니다. (CIP제어번호 : CIP2020001669)
* 이 시집은 교보문고와 연계하여 전자책으로도 발간되었습니다.
* 이 도서는 카카오톡 선물하기 〈독서의 계절〉에서도 구입할 수 있습니다

얼마나 많은 물이 순정한 시간을 살까

장순금 시집

* 본문 페이지에서 한 연이 첫 번째 행에서 시작될 때에는 〈 표기를 합니다.

■ 시인의 말

경계를 놓치고
봄날은 맹물처럼 휘발되어
고요한 무위를 달려왔다

미명 속 등불이 비춰주는
낮은 기도로
시로
힘껏
밝아지고 싶은,

2019년 12월

장순금

■ 차 례

1부

열매 _ 019

숯 _ 020

겨울나무가 잎에게 _ 022

쿵, _ 023

크레파스 _ 024

얼마나 많은 물이 순정한 시간을 살까 _ 026

10cm _ 028

말 _ 029

꼽추 _ 030

건너가기 _ 032

거품 _ 034

그 집 _ 035

간극 _ 036

수면양말 _ 038

사람의 아들·25 _ 039

사람의 아들·26 _ 040

2부

음모 _ 045

악수 _ 046

비등점 _ 047

흰죽 _ 048

간고등어 _ 049

수평선 _ 050

창고 _ 051

꽃나무 _ 052

사과 _ 053

목 메인 책 _ 054

지나가는 동안 _ 056

거품 이야기 _ 058

누설 _ 059

손 _ 060

저녁에서 밤까지 _ 061

3부

하중 _ 065

등 _ 066

그늘 이불 _ 067

옛 사원 _ 068

굽 _ 070

청춘 _ 072

만삭 _ 074

마당 _ 075

그린 맨 _ 076

인도 _ 078

매혹 _ 079

알몸 _ 080

가발로 짠 문패 _ 081

거꾸로 세상 _ 082

몽환 _ 084

4부

교차 _ 087
양귀비 _ 088
아브라함 병원 _ 090
매운 꽃 _ 092
아코디언 _ 094
처방 _ 096
벌레 _ 098
귀 _ 099
캡틴 _ 100
남과 여 _ 102
지우개 _ 104
비상 _ 105
몸 비늘 _ 106
봉순이 _ 107

■ 해설 | 김윤정(문학평론가) _ 109

1부

열매

우주에 떠 있는 한 점의 기운 꼭 싸서 끌어오고

땅속 냉골로 죽은 듯 숨 쉬는 흙의 내공도 끌어와

죽을힘 다해 밀어내는 태아

촌음과 촌음 사이 뜨거운 밀서 안고

세상에 혼자 떨어지는

기도와 고통 수억만 톤의 목숨값이

피붙이로 오는,

숯

햇살이 곱게 빻은 빛을 먹고 자란
잘 익은 참나무가

산에서 내려와

제 몸 쪼개
날것은 익혀주고 추운 손 데워주고 은근히 눈 맞추며
태양의 아궁이 속에서 오래 구워져
묵언의 깊은 자정에 순하게 익어가는 숯이 되고 싶었다

아름다운 것은 손을 대면 피가 그을려

처음,
세상 색 다 섞은 깜장색 파스텔이 손에 왔을 때
천 개의 색은 무념무상이 다듬은 한 가지 빛이었다

첫 손으로 그린 나무의 몸
속살 헝클어 일필로 엎지른 몸통에 무너진 봄, 검은 봄

〈
날리는 파스텔 잿가루 허공으로 무위를 달려
마음을 태우고
색을 태워
봄의 숯덩이에 그을린 피, 불씨로 안고 있는

겨울나무가 잎에게

뼈와 살 사이 숨은 간극은 얼마쯤일까

나와 작별하기 위해 나는 몸에 돋은 세상의 잎을 다 버렸다
솜털 사이로 흘린 눈물 한 점도 말라
하늘 아래 고립과 고립에 매달린 가지만
돌아앉은 개망초에 기대 울었다

햇빛 한 오라기 가까스로 체온을 붙든 겨울은
뼈 한 가닥으로 서 있는 살아 있음이었다

잎과 나무 사이에서 자란 푸른 구멍이 오래된 슬픔처럼
익어서 틈과 결에 꽃이 만발하기를 바람은 기다려 줄까

밤새 잎은 몸에 남은 일조량을 다 내려 젖은 발을 닦고
두꺼운 벽을 데워줄 장작이 되려고
물기 다 뺀 나무는 빛살 든 쪽으로 돌아앉아,

쿵,

새벽 산책길에
한순간 스스로 몸을 누이는 육백 년 시간을 보았다
넋 놓은 육중한 몸통을 땅이 두 손으로 받았다
쿵,
월정사 전나무 숲의 어르신이 길게 쓰러졌다
긴 끈의 마른기침이 툭, 끊어졌다

육백 년이 제 삶을 공중에 누설하고 누워 버렸다

나이테 부푼 나무의 푸른 체온이 억겁을 향해 돌아누웠다

아흔아홉, 큰할머니 땅에 몸 놓아 버린 새벽
젊은 한 시절
아름다운 염문의 기억도 쿵,
지상에 찍힌 희미한 지문을 지웠다

문중 어르신이
저승점 환한 불을 켜고 구불구불 먼 길을 나섰다

크레파스

외갓집 마당 오동나무에선 크레파스 냄새가 났다
어릴 적 부산스런 부산을 떠나 호롱불 외가에 가

처음 본 칠흑 밤하늘 속에서
공중에 혼자 떨어진 깜깜한 나의 色을 보았다

눈 뜨고도 눈 감은 세상을 본 신비스런 문이 거기서 열렸다

지구가 검은 허공에 매달려 크레파스 짙은 향내를 흘리고
스케치북에 그리다 만 오동나무 이파리들이 유년의 마당으로 떨어졌다

늦도록 마실 나가 돌아오지 않는 밤엔
산속에 감긴 예감을 한 올씩 풀어
알 길 없는 세상에 봄 눈썹을 그려 넣으며
긴 울음같이 끈적이는 여름을 보냈다

깜장색 삼라만상은 어린 날 방학이 준 첫 환부의

인기척이었고

 크레파스 이파리들이 천연색으로 나부끼는 축축한 바람이었던,

얼마나 많은 물이 순정한 시간을 살까

할머니는 목욕탕 샤워기 앞에서 몸을 수십 번 헹구고 또 헹궈낸다
몸뚱어리에서 먼지와 오물이 쉴 새 없이 묻어나오는지
두 시간째 샤워기 앞이다

땡볕에 무방비로 삐져나온 살 속으로
흙바람 욕설 눈총이 박혔는지, 악취도 몸속을 뚫고 들어왔는지
버려진 시간들이 할머니 발바닥에 달라붙어
세척을 강요하는가 보다

할머니는 몸을 바꾸고 싶었을까, 물로 수백 번 씻어내면
오늘의 골판지 빈병 리어카가 내일은 가벼운 악보로 바뀔지 몰라
햇살이 몸 덥히는 따끈한 생이 아침 밥상에 오를지도,

날마다

내일은 향긋한 몸으로 햇살을 주워야지, 깨끗한 신발로 순정한 시간을 걸어야지
　갓 나온 싹을 주워 서쪽에 버려진 봄을 사야지

　한 번쯤은
　비탈진 척추를 볕에 세우고 고른 길 오르고 싶었을까

　할머니는 등껍질에 수백 번 물을 끼얹으며
　남루한 생을 씻고 또 씻고,

10cm

박물관의 작은 유리상자 속,
다 해진 꽃신 한 켤레가 내 발목을 잡았다

돌아보니 전생에서부터 걸어왔나 아기 손바닥만 한 발바닥이
　조이고 가둔 10cm의 발이 제 생의 유품으로 전시되고 있었다

꽃신 속에 한생을 밀어 넣어 제 살 파먹은 시간들이 말라붙어
　너절한 보풀 입술에 허옇게 피듯

발끝으로 깊숙이 밀어 넣은 꽃신 속으로
스무 살 봉오리도 지나가고 노을도 지고

생애 처음 쓰는 긴 문장이 유리상자 속에 누워
발등으로 밀고 온 먼 길을 배웅한다

뜬구름 밟고 가던 맨발이 잠시 꽃신에 발을 묻고
박물관 유리상자 속에서 눈을 붙이는 중

말

몽골에서 너른 들판에 홀로 앉아 있는 말을 보았다

노곤한 몸을 햇살에 누이고 싶은지 달려온 시간만큼 거친 숨소리

서쪽으로 길어진 그림자, 황야의 발굽에서 풀려나오는 긴 하품이
중심에서 멀어진 저녁의 등을 덮고 있다

귓전에 햇빛 한 장씩 얹어 소리를 데워도 자꾸만 미끄러지는,

동트는 새벽 땅끝을 향해 달리고 싶은 마지막 꿈을 중얼거리며
무거운 뒷덜미를 끌어당기는 내일의 손

푸른 봄으로 들어갈 신발이 다 닳아

들판을 베고 누운 고단한 말 등에 풍경이 졸고 있다

꼽추

망망대해가 버리고 간 소금 한 톨이 그녀의 가파
른 등짝에 달라붙어

태생부터 짜디짠 소금같이 갈증 난 등이 솟아
풀 한 포기 없는 민둥산을 지고
그녀는 매일 새벽 예배를 간다

한밤에는 고단한 등을 내려 새우잠을 자고
꿈속에서 등은 몰래 빠져나와 천 번 만 번 매끈한
등에 기도한다
부푼 등껍질 속에 낙타처럼 물을 저장해
언젠가는 애드벌룬처럼 날아오를 거야

어느 날
등이 그녀를 매달고 암벽을 오르듯 새벽 교회로
끌고 다니다
다 써버린 몸인 양 던져졌을 때

봉긋한 등에 엎질러진
혹 속에 저장된 고운 하느님은 정말 있는 걸까

〈
　오늘도 새벽 교회를 다녀온 그녀의 기도 속엔
　매끈한 나무로 일어서는 생을 두 팔이 환히 받치
고 있나

건너가기

깃털 같은 시간을 정면으로 받아넘기기

히말라야 빙산이 흘린 몇 방울 물이 낳은 강과 강
바닥의 숨은 눈물과
한 가닥의 죽음이 자라 어른이 된 옛집을 지나가기

하루씩 세상을 건너 새것의 아침으로 가기
벽돌 한 장 빈 유모차의 무게에 세월 밀고 온 길
꺾인 생을 지나 다시 피는 동백, 붉은 꽃술

알코올이 삼킨 물밑 깊은 유혹을 지나가기
불쏘시개 사랑에 남은 불씨 붙들고
긴 안전으로 건너가기

시를 지나 시가 누웠던 책의 수액, 그 여린 세포를
지나
죽은 언어의 육질을 성큼 건너가기
육질 속의 흰 피 밟고 가기

푸른 신호를 당겨

세상 안쪽으로 밟아가는 물방울 똑똑 떨어지는,

두꺼운 경계를 넘고 넘어
미농지 같은 나를 건너는 길을 몰라

거품

  선물로 향기롭고 투명한 비누를 받았다
  조금만 문질러도 뭉게구름이 온몸을 덮었다
  그는 내게 올려 논 흰 구름을 그해 겨울까지 거두어 가지 않았다
  들키지 않으려고 가끔 비가 되어 딴청을 부리고
  나는 그늘에 쉬고 싶어 그가 씌워 논 흰 구름을 모자인 양 했다
  목화솜처럼 포근해 졸리는
  거품에 싸인 길이 자꾸 넘어지고 미끄러졌다

  그는 수억의 물방울 속에 별이 뜬다 말하고
  나는 서쪽을 보며 혼자 긴 강을 건너고 있었다

  겨울을 넘기고 향기가 뭉게뭉게 음표를 일으키는 동안
  한 시절이 기웃기웃 그믐달로 걸어 나가고
  나는 나를 꺼내 힘껏 불었다 물거품이 될 때까지

그 집

손만 살짝 갖다 대도 아픈 집
살이 쓰리고 금방 부어오르는 관절처럼
바람만 불어도 어깨가 젖고 먼 기척에도 흔들리는
뒤뜰에는 무화과도 익고 빨간 연시 같은 소망도 익고
달빛이 읽는 문장도 익어갔던

별이 된 그 집

박제된 물방울이 관절에 고인
책에서 나를 꺼내 밀봉한 채 수장한 방
찰랑찰랑 입과 코로 죽음을 삼켰다 뱉은

그 집에 한쪽 발을 담그고 뉘엿뉘엿 백 년을 건너온

마구 자란 잡초처럼 놓아버린 소망이 풍문으로 돌아다녀
책으로 깊어진 방, 깊어 냉골이 된 방

끝나지 않은 문장이 불쑥불쑥 젖은 얼굴로 들어오는
그 집에 아직 내가 있어
혼자 서 있어

간극

　간밤에 천지를 진동한 폭우와 천둥에 살아 있는
것들은 죄다 위태로웠다

　번개는 별자리 바뀌는 억겁의 파동이었나
　밤새 적도의 경계를 몇 차례 다녀왔는지
　짐승들 발굽소리 떼 지어 지나간 시간의
　뒤편

　고요한

　아침,
　말짱한 얼굴이 쨍 소리 내며 왔다

　간밤에 무슨 일 있었는지,

　햇살은 태연하고 하늘은 구름과 노닐고
　도로는 침묵처럼 고요하고 깨끗했다

　폭우와 맑음의 간극은 짧은 잠 한숨인가
　팔과 다리처럼 아는 얼굴인가

너와 나 지척의 거리가
밤과 아침의 간극인지

수면양말

새우잠 부푼 등에 저 혼자 무간도를 그리는 잠이 있어

눈 뜬 아침 널브러진 이불이 밤새 뻘밭 기어 다닌 자국 같아
어느 깊은 늪을 축축한 꿈들이 휘젓고 다녔나
언 꿈이 밟고 지나간 토막잠이 추운 발목에 걸렸나

한낮에 숨죽이고 눌린 것들이 깊은 잠 속을 봉두난발 휘젓고 다니다
고단한 발등이 무중력의 밤을 걷어차
길이 지워진 곳에서

가까스로 수면양말을 두 발에 신겨주면
추운 뼈들이 서로 팔베개를 하는 듯

모로 누운 얼굴 내려다본 어느 손이
발치를 데워주나

사람의 아들 · 25

잘 익은 빨간 입술이
입술 속에 염장해둔 각질 두터운 혀를 꺼내

고백소 앞에 섰다

꽃병을 기울이니 젖은 짐승들이 우르르 쏟아지고
함부로 달아 잇자국 낸 사과에
반딧불이 지천으로 쓰러져 있었다

고백소에서
입술이 검은 사과를 물고 중얼거리는 동안

뜬구름 속에서 죽은 사과의 껍질들이 뭉텅뭉텅 흘렀다

허약한 고백이 피정에 들 듯 고개 떨구며 나오는데

문밖에 숨어 있던
혀를 데운 감미로운 귓속말에
까무룩,
회오리 칡넝쿨이 또 발목을 감을까,

사람의 아들 · 26

나의 신은 침묵의 신이다
무거운 침묵을 베고 잠들고 침묵 밥을 먹고 침묵을 입고 외출하는
그의 혀는 뜨겁고도 차
잘 알아들을 수가 없다

나의 신은 침묵을 통과한 자만이 듣는 종소리 울리고
담벼락 돌아 세 번 울던 검은 울음도
모르쇠가 구멍 난 손바닥에 빠진 통곡도
없음으로 있음을 말하는
있음으로 없음을 말하는
나의 신은 버거운 침묵이다

고백소 안의 불온한 죄목들
이밖에 알아내지 못한 죄와 아직 태어나지 않은 죄까지 끌어와
유순한 무릎 꿇어
언감생심,
몸에 꽃피길 바라는

〈
지구 반쪽이 욥*의 눈물로 넘쳐도
바다는 여전히 푸르러
그의 완고한 침묵**은 억만 번 되풀이하는 기도인지,

*욥 : 구약성서에 나오는 인물
** 침묵 : 엔도 슈사쿠의 종교 소설

2부

음모

우리가 등을 대고 동거한 사실은 아무도 모를 거야
음모가 등과 등 사이 깊은 골짜기에서 비밀스레 자
라 있을 줄

음모의 검고 힘센 뿌리가 야음을 타고
스크럼을 짜듯 등을 한 몸으로 대고
뒤꿈치를 들고 서로 밖을 경계했다

믿기지 않아 자라지 않는 사랑처럼
바깥보다 등짝의 한기가 더 떨리는,

음모 한 올이 해를 보고 싶어 고개 쳐든 날
나는 단칼에 잘라버렸다
음모는 밖으로 나오면 끝장이다

음모 한 접시 공복에 드시라
내 식탁에 놓고 간 이 누구?

악수

맹물 같은 음성이 악수를 청한다
손바닥과 손등이 서로 다른 얼굴로
친애하는 이무기여, 안녕하세요?
측면으로 전해오는 비릿한 촉수에
악력의 온기를 조심하셔요

손바닥 깊은 데 잠복한 침묵의 자객 같은 미소를
뜨거운 말은 몸 갈피에 숨기고 둥근 무늬로 웃는
발밑을 조심하셔요

입술이 맹물처럼 웃는 동안
공회전하는 손바닥, 홀연히 나비 한 마리
안녕의 무게를 날개에 얹는다

눈 맞추는 인사는 천천히 택배로 보내셔요
손바닥 간질이는 은유는 아직 일러요
모래바람 뿌연 저녁이 악수를 청하는 내일에게

안녕하셔요?

비등점

불현듯 어깨에 닿는 낯선 촉수에 화들짝, 뜨거운 바람

비등점 오르는 불길을 애써 끌어내리는

아침은 아지랑이처럼 가물거리고 땡볕은 일몰에 걸려
갈라진 입술 사이로 증발한 짧은 기약에

어깨 위 기우뚱 저무는 음계의 엇박자를 밟고 내려온 바람
비등점이 잠시 살았던 익명의 나라에서 함께 먹은 따끈한 밥 깊은 밥

뜨겁게 들끓어 올랐던 수증기
창공을 흐리게 한 섭씨 백 도
뚝뚝,
얼음 물방울로 떨어진

방울 속 진공, 진공 속 찰나 같은

흰죽

네가 내 저녁을 업고 나간 날 나는 흰죽을 처음 먹었다

미처 따라 나가지 못한 약속과
뭉개진 허여멀건 한 시간들이 공터에 숟가락을 담그고
목구멍에 일천 미터 깊이로 떨어진 너를 떠 넣어
곰팡이처럼 번식하는 환청이 흰 꽃을 뭉게뭉게 피운다

집 나간 저녁의 열린 서랍에서
폭풍전야의 고요를 감지한 짐승과
무수한 물음표와 생의 춤을 다 추지 못한 바람이

지반 약한 흰죽에 내려앉았다

오월 눈발이
엇나간 관절 같은 봄을 빠져나오고

입이 마른 저녁의 명치끝이
혀의 맨 안쪽
쓴맛의 내장 속으로 들어갔다

간고등어

끝장난 사랑에 굵은 소금을 뿌렸다

왕소금으로 무장하고 공명 한 장으로 온 너를
서늘한 번개의 온도에 절여볼까

시퍼런 물빛에 베여
죽음을 학습한 내 아침 식탁에는
멀건 생선 가시 한 접시 올랐다

간밤 심해 깊은 잠 속에서 들리는,

누구 입맛에 맞게 제 살 발라주고
노릇노릇 앞뒤로 제 몸 구워내
드셔 보세요,

입맛에 맞으세요?

입에 착 달라붙는 등 푸른 밤은 어디에,

수평선

수족관 속,
꽃게는 큰 집게로 덥석 잡은 수평선을 아직 놓지
못하고 있다
뼛속까지 물고 있는 속수무책의 물거품을

주파수에 끓는 비릿한 기포에 싸여
제 몸에서 바다가 다 빠져나간 줄도 모르고
수평선에 이르는 당찬 꿈을 꾸던

한 시절
꽃 같은 몸으로 받아낸 포말의 은빛 몽환에
아직 젖어 있다

보아라,
열려 있는 바다의 더운 피에
절명의 집게로 걸어둔 네 기억의 물결을 놓아라
등허리 피딱지로 굳어진 시간도
네 등 밟고 가는 물거품인 것을

창고

잊고 살다 문득 생각나는 후미진 뒤뜰 늙은 후궁 같은

한때는 윤이 났던 그 누구의 무엇을 위한 도구였던

오래된 명분이 세월에 섞여 푸른 녹이 슬었으나

별빛이 내려와 반짝 닦고 또 닦으면 첫 모습 설핏,

고방 문 잠기듯 잊힌 문틈으로 적막이 기웃대며 오는 밤

틈으로 와서 틈으로 가는 바람 같은

어느 날 문득 달빛이 문을 두드리면

아닌 듯 일어나 버선발로 맞을 텐데

서성거리는 뒤뜰이 저녁놀에 붉어져,

꽃나무

회오리바람이 여자의 몸을 순식간에 스캔해 가버리자
삼시 하얀 뼈로 서 있던 여자는 봄에 묻은 묽은 이슬을 털어낸다

달빛 가루 흥건한 채 구겨진 종이로 돌아온
여자의 입속으로 지친 불빛들이 곯아떨어졌다

바람의 폭력을 베고 잔 밤 내내 베개 밑으로 빗소리 들이치고
마당의 꽃나무에는 만발한 잎이 바닥을 쳤다

무너진 여자의 꽃나무에 가까스로 울음을 지우는 건너편 아침이
그녀의 몸의 퍼즐을 맞추고 있었다

사과

아침이면 사과 한 알이 식탁에 오른다
하루 한 알이면 의사가 필요 없다는 묵은 믿음으로
날마다 몸이 밝아지기를 바랐다

옛날 어떤 낙원의 여자는
사과 한 입의 침 묻은 매혹을 주고받다
눈이 화등잔보다 밝아져
몸속 내장과 몸 밖 바람의 깃털까지 보여
의사가 필요하게 됐다는데

사과의 내력은 더운 피의 유전인 듯
살점 베어 문 잇자국이
붉은 온도로

지금도 세상을 데굴데굴 굴러다니고 있어

목 메인 책

아버지가 햇빛을 지고 집을 나간 후 어머니가 젖은 달빛을 데리고 따라 나갔다
달빛은 제 그림자를 옆구리에 끼고 추억과 손잡고 나가는데 밤길이 따라나섰다
마당은 집 나가는 식구들을 우두커니 바라보며 꽃들에게 피지 말라고 손짓했다

허공에 기습당한 책들은 진공 속에서 서로 손을 놓지 않았고
움푹 팬 그늘은 목멘 밥을 먹고 꿈을 꾸며 누군가를 기다렸다

열린 대문으로 봄은 태연히 들어오고
바람이 넘긴 책갈피 새로 뼈와 살이 발려진 계절이
신열로 익은 문장을 먹으며 우거진 시간으로 빈집을 채웠다

봄은 봉인되었고 떠도는 목소리들만 마당에 잡초처럼 들쭉날쭉했다

〈

  그늘은 날마다 제 그늘 속에 앉아 누군가 오는 발자국 소리에 귀를 대고
  대문은 새파랗게 언 발로 동구 밖까지 나와 서성거렸다

  저기,
  멀리서
  목 메인 책 한 권이 맨발로 봄을 이고 오는 게 보이는지,

지나가는 동안

한 사람이 몸속을 지나가는 동안
몸 밖은 백 년이 흘렀어

시작은 책 속에 끝을 숨기고 문장으로 나를 눌러 놓았어
심야를 달리는 트럭의 깜깜 속도 속에 우리를 숨겼어
생략된 세상에서
도벽처럼 가지에 앉아 떠는 동안
바람 사이로 피로 물든 잎들을 낳았어
한 알도 부화되지 못한 잎들은 스스로 숨을 끊어
죽은 기억 속으로 들어갔어

우리는 아무도 새가 되지 못했어

기억이 죽음 같은 고요에 발이 빠져 비릿한 향내를 봄의 무덤에 뿌리고
책 속에 숨은 무수한 벽이 서로 눈물을 닦아주며 죽은 잎들을 펄럭이고 있었어

나는

천천히 물처럼 흘러내리고

한 사람이 지나가는 동안
몸 밖은 보이지 않았어

거품 이야기

 안데르센이 읽어준 인어이야기는 거품의 첫 해부학이었어
 물 무리를 엇박자로 바위를 지고 사라질 때 심장에 튄 바다의 설레임 멈출 수 없어, 먼바다를 혼자 끌어안고 온도의 중심을 잡아 아침마다 화이팅! 애써 맑은 물 세수를 하면 숨은 거품들이 와글와글 얼굴로 덤볐어 물미역처럼 미끌거리며 덤볐어 물을 한 채 몰고 와 숨 참고 파도의 일몰을 보게 했어

 인어 목소리에 베인 안데르센의 통증을 온몸에 구겨 넣고 거품 속에 먹먹한 혀를 천 년이나 숨겼어 숨은 혀는 바다를 떠돌며 혼자 말하고 혼자 울고 사랑해 차마 칼끝 세우지 못해 흘린 눈물 한 방울이 심해를 온통 시푸르게 멍들게 했어 처음과 끝이 동거하는 거품의 집은 방울방울 혀가 모여 사는 아름다운 방이었어

 해안에 밀려온 목이 잠긴 울음에
 인어는 진공 속에서 전설 같은 동화를 쓰고
 파도는 손님처럼 오는 첫사랑을 환상 속으로 천천히 끌어당기고

누설

벌거숭이 물체가 진공 속 모니터에 둥둥 떠다닌다

살 속 세포 틈 속까지 다져 넣은 함구령이 후사경에 보기 좋게 당했다

CCTV 칼눈에 살과 뼈가 샅샅이 분해되어

회로에 누설된 생이 스캔되어 인공위성으로 지상에 생중계되고

무작위의 손에 나는 당했다

내 목구멍을 검색하고 조정하는 당신은 대체 누구?

손

  낙원에서 금단의 사과를 딴 손은 추락하여 돌밭에서 짐승처럼 먹이를 찾고

  지상을 나르는 손바닥은 수시로 뒤집어 요술빗자루가 되고
  모르쇠 등에 감춘 깜찍한 손이 되고

  네가 내밀었던 손은 묵은 책 속 잉크 자국을 기억하고
  그때, 물 묻은 손이라도 잡아 줄 걸

  사과의 육즙에 베인
  알 수 없는 손이 데려다 놓은 먼 오늘,

  벼랑에서 굴러떨어져 빨갛게 울던 기도에 간신히 매달린 가을

  거미처럼 아슬아슬, 공중의 식탁에
  위태로운 두 손으로 받아낸 한 알의 붉은 참회

  바람이 자빠뜨린 예감에 손을 벤,

저녁에서 밤까지

생애 가장 긴 시간 저녁에서 밤까지 가는 동안에

자주 어긋난 밤길 어스름은
날것들의 말이 무심코 튀어나올까
지도 한쪽을 봉인한 저녁으로 간다

농담 같은 시간이 어느새 백 년이 흘러
시차가 다른 공간에 길을 세워놓고
잠시 지레 익어 버린 청춘을 물끄러미 바라본다

등을 대고 의식과 무의식이 한 식구 되려고 공회전
한 시간에
 저녁은 길고 밤은 더 길어
 백열등을 달고 깊은 방으로 들어간다

손가락 살짝 밀어 가속 타는 꿈길에 떠밀린 해거름
멀고 먼 밤까지도 돌아보면 촌음인 것을

3부

하중

인파 속에서 강한 느낌표 한 장이 펄럭였다

옷자락 인파에 미역줄기처럼 낀 노인의
육 척 장신 고목이 출렁, 바닥에 몸의 오후가 뒹굴었다
미처 받아내지 못한 허공의 하중을 바람이 받았다

순간이 한눈파는 사이
행간에 떠서 주춤, 노인은
허공과 손잡았을 뿐 바람과 함께 포복했을 뿐이다

봄볕은 외출하고 구름도 무심히 내려다보고
노인을 떠받치던 시간도 집을 나갔다

빠져나간 노인의 중량은 청춘의 진한 필적 아직 따뜻한데

보폭이 좁은 지팡이로 툭툭,
몸 덮은 그늘을 떨어내는 노인의 하중을
지팡이와 나란히 받치며 걸어가는

등

그 여자는 등에 풍선을 꽂고 다닌다

냉글이 무르익어 둥근 망이 된 높다란 너름이

추운 등짝 민달팽이처럼 몸 감추고 싶은

세상과 등 사이 무지개가 은신할 거라 굳게 믿어

언젠가는 풍선처럼 가볍게 떠올라

굽은 등에 결박된 한 생애 포승줄을 끊고

부풀은 둥근 더듬이를 자르고

다 써버린 목숨이어도 좋을 화농 같은 봄날이어도 좋을

천만 개의 눈총 없는 나라에서

매끈한 바닥에 등을 대고 한 달포 푹 자고 싶은

꼽추 같은 생

그늘 이불

저녁이 쓰고 남은 손바닥만 한 온기에
그늘이 집을 지었다
한 번도 홀로 햇빛 속에 서 보지 못한 담벼락과 골목과 구석의
더듬더듬 어눌한 말이
채 끝나기도 전 막다른 길 앞에 납작 엎드린

한 번도 젖어보지 못한
속내 안까지 샅샅이 비춘 햇살의 낯 뜨거운 흰 뼈들이
백야의 긴 밤을 오가도 등 뒤의 새벽은 보지 못해
지평은
밤을 나와 홀로 노숙하는 저녁에 몸을 기댔다

지상에 지분 없는 남루한 발들이 평화 한 평 그늘로 들어가
이불을 덮을 때

뜬구름을 덮고 자던 허공이
온기로 데워진 그늘을 한 겹씩 끌어당겨
제 발등을 덮고 있었다

옛 사원

낮은 계단에 걸터앉으니 몸에서 한 시대가 빠져나가 하늘에 걸린 벽돌색 오래된 사원으로 들어간다
어느 생에 잠시 산 것 같은 저 방에 구름이 빛을 가리는
전생에 고였던 눈물이 풀렸나,
흥건한 고요 속을 헤엄쳐 다닌 긴 복도 무채색 벽화들 낡은 나무 의자
내 살점의 몇 조각이 거기 있었나, 시간 밖으로 나오지 못한 고대의 생물로 고여 있었나
빛바랜 의자가 정지 화면처럼 앉아 한 세기를 건너온 듯,
나는 오래된 계단에 앉아 알 수 없이 흘러온 이국의 한나절 바람에 먼 데를 생각한다

두고 온 게 무언지 우주 한 귀퉁이 흘리고 온 얼룩한 점이
몇 세기 전 사원으로 나를 들여놓아 잊힌 통증의 문을 열어 보는
이 방은 내 속의 평화로운 아이가 살았나, 시간을 달리 한 유년이 있었나

다른 세계로 통하는 문, 낯익은 고요에 흘러들어
나는 잠시 평화로운가

　바람에 날리며 내려오는 길, 두고 가는 땅거미
　어느 생에 잠시
　복사꽃 핀 옛 사원이 내준 길을 따라 오늘로 돌
아간다

굽

뒤꿈치 들고 허공에 고개 쳐들고 싶은 날엔 키 높이 깔창을 했다
낭이 떠받치는 바람을 굽에 올려 신 목이 바람저럼 걸었다

굽이 허공이란 걸 안 날부터
고개 쳐든 내 발목을 허공이 걸어 자빠뜨릴 것 같아

발바닥이 지면에 가까울수록 머리에 굽을 달고 다니는 사람들이 보였다

뿔처럼 솟은 가파른 굽으로 허공을 받들며 꽁무니에 굽이 달린 사람들은 자주 웃었다

그들은 서로의 굽에 경건하게 목례하며 힘쓰는 뒤축을 상장처럼 나눠 가졌다

장미꽃이 부지런히 구름의 뒤축을 닦는 빛나는 이름 뒤

날림 공사한 시집 한 권 같은 늙고 비릿한 가죽구두

의 밑창이 보였다

바람이 잠시 올려본 일회용 깔창을 날려 버렸다

청춘

슬픔이 고인 동네가 있어, 동구 밖에서 안을 바라보면 어느새 발목이 젖는
발자국 출렁이며 한 시절을 걸어 들어간
빨간 우체통을 지나 키 큰 미루나무를 돌아서면
오래 별이 된 집이 보인다

우물처럼 깊은 밤에 두레박을 내려 아침이면 내 죽음을 건져 올리던
파랑대문 물결이 목울대를 차올라
출렁출렁 집을 모로 기울이며 울컥울컥 모래를 쏟아낸
독한 약에 취한 듯 깨지 않는 가파른 꿈이 아직도 나를 가파르게 세워둔 집
몸을 뚫고 간 혹한의 청춘 한 구절이 퍼렇게 얼어 발치를 핥는

화단의 목에 걸린 꽃잎들은 봄을 건너지 못해 넘어지고

마침표도 못 찍고 나온 마당과 안방 사이, 하늘과

대문 사이
　골조만 흐릿하게 남은 집
　골조에 내 기억의 액이 끈끈하게 묻어나오는 집

　모로 선 그 집은 등 뒤에 세워둔 채 파랑 물속을 가르며 걸어서 나온

　대문을 열어놓은 채 청춘이 끝나버린,

만삭

내 생에서 빠져나간 그는 내 문장의 비문으로 남아 있다

깊은 양수에 중독된 갑골문자 혹은 의문부호같이 둥근 배는 예감만 무성할 뿐
열 달이 열 번이 지나도 바람 한 점 없이 고요했다

고인 바닷속에서 태어난 시들이
있는 힘을 다해 두드린 초록 건반
오래 잠복한 멍울로 만삭의 배는 터서 갈라지고

세상 밖으로 불러내 줄 거라는 산통을 기다리며 둥둥 뜬 꽃들의 폭발은

단단한 울음으로 득음을 좇아 홀로 무정란으로 익어가는 문장에

긴 만삭의 부푼 예감도 깊은 양수의 강을 건널 수 없어
이번 생에는 고쳐 쓸 수 없는 몸 무거운 비문으로 남아,

마당

서울서 공부하고 결혼하고 이혼하고 사업 말아먹은 6촌오빠
부모 돌아가신 빈 시골집에 혼자 내려와
바람 부는 들판에 새끼 송아지와 한 식구로
소처럼 살고 있다

시작과 끝은 늘 홍역 같아
정오를 건너가는 생의 건널목에서 물기 꼭 짜버리고 돌아온 고향 산천
논밭에서 흙처럼 깊이 썩고 싶었던 그는

어미 잃고 혼자 눈 멀뚱한 송아지
종일 어미 정 되새김질하는지 우물거리고
어릴 적 꿈이 꽃밭처럼 만발하던 마당에서
그도 종일 웅얼거리며 점점 소가 되어가고 있었다

골방의 풍금 소리 꺼억꺼억 나의 살던 고향에
떠다니는 화초들의 흥얼거림도 바람에 섞이는 동안

먼 봄이 어느새 툇마루에 올라와 있어

그린 맨

오전 11시가 되면 어김없이 아파트 앞 공터에 봉고차 그린 맨이 나타난다 2% 모자란 어눌한 말씨의 왜소한 그는 커다란 고딕체로 그린 맨이라 새겨진 명함을 건네며 그린 맨이라 불러 달라 한다

아파트 주부들의 성실한 단골인 그는 제 이름자는 겨우 쓰지만 박스에 새겨진 글자는 금세 알아보고 야채 과일의 품종과 산지에 대해선 박사급이다

우리 농산물이 피붙이 같아 곡식 과일 먹거리 수입 농산품의 걱정이 많아 새 나간 발음으로 침 튀는 열변은 오늘의 우리 농산물 뉴스와 지구 이상기온에서 유엔과 세계 평화에 이르기까지 걱정이 태산이라

아침마다 일장 연설을 듣고서야 야채를 살 수 있다

그린 맨 봉고차엔 관객들이 서로 눈짓으로 초록 미소를 물고 싱싱 채소들은 마당에 신토불이를 부려놓고 나 홀로 열띤 농산물 강연을 한 그린 맨은 스스로 흡족하다

〈

　오전 11시 창밖으로 그린 맨이 안 보이면 오늘 우리 농산품 사정이 아침 뉴스보다 궁금하다

인도

정시에 출발도 도착도 한 적 없는 인도의 기차는

시간을 고무줄처럼 당겼다 놓듯 아무 데나 멈추어 일을 보듯이
철로에서 내려 땅따먹기하고 언덕 아래 소들과 유유자적 농담도 하는
여기는 시간이 누워서 흐르는 마을
태양은 지글거리고 구름은 게으르게 하차하는 역

달빛도 느지막이 내려와 슬리퍼 신고 시동 거는 기차에
때 절은 발도 벌레도 슬쩍 끼어 타고
누구도 바쁘냐고,
겹쳐 앉아 떠드는 짐짝들도 도착 시각을 묻지 않는
까만 손으로 하품하며 홍차를 팔며 덜컹덜컹

무질서가 질서를 앞서 엉킨 길의 샛길을 용케도 빠져나가는
알 수 없는 힘이 지탱하는 갠지스
느릿한 기차 바퀴처럼 새벽 아지랑이 넘실넘실 피다 만다

매혹

자고 일어나니 배가 불룩해졌다
꿈속에서 교접한 금송아지가 내 방에 짐을 풀고 거센
입김으로 영역을 표시했다

천만 톤의 달콤한 구름과자를 먹고
혀도 다리도 길어져
사람도 뛰어 넘고 못할 사랑도 죽음도 없는 듯
몸집이 산 만해져
비상을 기다리는 이무기로 힘껏 부풀어 있다

울컥,
마이더스의 손바닥에 냉엄한 칼날이 불시에 쳐들어왔다
큰 손의 알지 못할 힘에
순식간에 봄이 털리고 풍선 한 마리 땅으로 푹 꺼졌다

가보지 않은 땅은 독한 매혹이라,
버리지 못한 허탈한 암호가 매혹에 덜미 잡혀
어쩌면 오늘 밤잠 속에 금송아지 울음소리 들릴지도,

뜬구름 한 점 입에 물고 다시 기도를 꺼내 흥얼거린다

알몸

지붕을 걷어내 뼈대만 간신히 서 있는 흉터 같은 알몸
구멍 난 뼈들이 기둥을 힘겹게 받치고 있었다
오래 버려두었던 옛집
내 유년이 밥 먹고 꿈꾸던 자리였던,

꽃밭이라 우기던 텃밭의 흙더미들은
무럭무럭 자라 바위가 되길
바위가 자라 산이 되어 나를 지켜줄 거라 믿었던
저 알몸의 굳센 척추는,

집을 떠나 자주 길을 잃어도 기댈 허공이 있어
나는 큰 신발을 신고 바다로 나갔다

파도를 탄 회오리가 허기진 입성으로
세상의 추운 것들과 함께 내 등에 와 식구로 박히고

튼튼한 지반으로 큰 키 건재하게 서 있는 세상의 뼈대
를 바라보며

알몸은 환골탈태를 꿈꾸고 있는지,

가발로 짠 문패

　그녀는 검은 실에 손가락을 걸어 사십 년을 눈금 한 올에
　편두통을 찬밥에 말아
　대문의 결을 짜왔다

　손마디 틀어진 굳은살 굳은 일념으로
　한 가닥 숨구멍 같은 바늘귀에 삶의 중력을 꿰어
　햇빛도 지나가고 한숨도 통과하고
　세상의 굽은 뒷길을 익히 알아버린 노역의 힘이
　내 것이라 오직 굳게 믿는
　한 획씩 문패에 이름자를 새기는 지문 닳은 손마디로
　긴 머리카락 같은 길을 소처럼 걸어 당도한 그녀의 대문 앞
　사십 년 휘어진 손가락으로 가발이 문패를 걸어주는 날

　골무를 빼고
　오늘은 세상에서 제일 긴 하루를 보내는 날

거꾸로 세상

어떤 사랑이 먹고 사는 일보다 중하겠나,

태어날 때 거꾸로 나와 처음부터 세상은 희극적이었다
거꾸로 보는 세상에 와 거꾸로 생각하니 허허실실 내가 세상 주인공이다

라면 끓이는데 두 팔이 도와 두 시간이 걸려도 먹어야 사니
사랑보다 라면이 중하다

사랑하니 보낸다는 신파보다 내 생존이 더 독해서 너를 잊는다

무대 위 장애 연기는 내 목숨, 지금 목숨이 한 눈금씩 닳아가는 중이다

팔다리가 바람 든 광고 풍선처럼 제멋대로지만
세상에서 장애 연기는 단연 내가 최고, 몸의 불균형이 내 삶의 균형이다

〈

  지구 저편 낯선 거리, 힐끗힐끗 돌아보는 노랑머리 코쟁이에게
  휘파람 불며 손도 흔들어 주고
  웃을 거야, 거꾸로 보는 빌딩의 키도 내 손가락만 하니

  세상 무대에서 언제 내려와도 좋은 나는 진정 행위예술가

  공연 끝난 무대 뒤, 온몸 땀범벅 되어 마시는 우유 한 잔
  내 목숨이 진한 이유다

몽환

 우리는 불빛 번쩍이는 거리를 걸었다 전시가 끝난 시화를 어깨에 메고 흘러나온 버지니아 울프의 목마와 숙녀를 들으며 목구멍에 솟는 뜨거운 물기를 울컥 삼켰다 암울한 오늘과 청춘의 절망을 시 한 편에 걸어두고 신열을 앓던 시절, 남루한 내일을 뜨겁게 끌어안고 세월이 가면 우리는 어디쯤 서 있을까 부표 같은 내일은 안개 같은데 화려한 불빛 속으로 저녁별이 추락하고 우리는 시에 청춘을 다 엎었다 떠난 사랑의 피울음을 지탱해준 시와 맹목으로 주술 같은 바람 속을 달려온 길 끝에 하나는 스님이 되고 또 수녀가 되고 더러는 따뜻한 가족의 밥을 짓는, 서 있는 자리는 달라도 시는 기도처럼 따라붙었다 나는 산골 실개천 앞 오두막에서 시를 파먹고 살다 만 이무기도 못되어 생의 축축한 몽환에 흔들리며 청춘의 불같은 얼음에 베이고 사랑과 배반이 같은 옷을 입고 팽팽히 당기는 먼 길을 돌아서 왔다

 길을 가다, 시는 이따금 옛 친구 부르듯 나를 불러 세운다 돌아보는 우리는 뜨겁게 아프게 웃는다

4부

교차

문상하고 나오니 막차가 끊어져
차가운 새벽 허공이 낯설게도 다정해라

어디선가 생이 끝난 울음과
청정의 생명 태어난 울음이 교차하는
무중력과 중력이 각자 제자리 찾아가는 길목에서
안녕이 서로 손을 흔든다

어제가 내일로 가듯 낮이 걸어서 밤으로 가듯
동쪽이 내준 길을 서쪽이 받아 안는
서로 배경이 되어주는 삶과 죽음

어느 날 혹한처럼 유성이 떨어져
하관하는 땅속으로 막차 지나간 새벽

밤새 양수를 털어낸 첫울음이 두 손 꼭 쥐고 꿈꾸며 오는 세상은

미역의 싱싱한 향내 백 리를 가는

양귀비

어머니는 텃밭 뒤꼍에 홍자주빛 양귀비 두어 그루
심어놓으셨다

정성 들여 물을 주며 몰래 가꾸어 허공에 경계를
긋듯
우리를 앞마당에서만 놀게 하였다

세상 뒤편에서 홀로 몸꽃 올린 홍자주빛
달빛을 홀려 경국지색으로 끌어내린 꽃의 힘은
경계를 넘은 색의 힘인가,
위험하니
안전선 밖으로 물러나라는 음성이
한 세기를 거슬러 지하로 달리는데

나는 어머니의 뒤꼍이 궁금해졌다

꽃 같은 한 생애가 촌음 같아
관상용 처연한 아름다움에 몸 붙이고 싶었는지

황홀한 색으로 마취된 일년생 꽃이어도 좋다 여겼

는지

허공에 앉아 봄을 내다보는 젊은 어머니

아브라함 병원

황금색 고딕체 간판이 우뚝 선 아브라함 병원
불임 노산 전문 병원이 상가에 들어섰다
주치의 손을 거치면 생산 마친 예순에도 아기집에 별이 뜬다고
전단지 광고에 입소문이 자자하다
죽음 같은 깜깜 동굴에
빛의 통로가 폭포처럼 뚫려 쌍둥이도 세쌍둥이도 만들어낸다는
신의 손을 가진 아브라함 원장님
그는 매일 제물 이사악의 목을 베려던 칼에 기도를 한다
신의 칼을 마이더스의 손으로
아브라함 원장의 손끝으로
끝날 때까진 끝난 게 아닌 불임 여성들이 모이게 하시면
아브라함이여,
천둥 같은 최상의 기를 모아 기도 올리겠으니
황금색 간판이 무색하지 않게
식탁에도 황금 수저를 놓게 하소서
그럼 제물로 뉴질랜드의 가장 살찐 양을 급송 올

리고
　아브라함 이름의 로얄티도 넉넉히 헌금하겠사옵니다 아브라함이여,

매운 꽃

햇살이 마루 끝에 우두커니 앉아 있고
목련꽃 가지 사이로 건너편 아버지는 신발을 벗어 놓고 꽃 속에 앉아 있다

세상의 온갖 끝이 모퉁이를 돌아 어린 소복에 쏟아져
거짓말처럼 펼쳐진 소복보다 흰 마당의 천막, 천 개의 막막함
사이로
사람들은 육개장에 숟가락을 담그며
바삐 추억에 잠겼다가 각기 제 신발을 찾아 신고 황황히 돌아갔다

유년은 넘어진 부식토처럼 그렇게 소멸되어갔다

나는 머리에 흰 목련을 꽂고 몽골 끝까지 말을 달렸고
생사 공존하는 갠지스강에 발을 담근 겨울에
무반주 음계를 들고 느릿느릿 봄이 오고 있었다

묵직한 고요 한 덩이가 살 속에 박힌 소복을 흔들
었다
아버지는
흰 꽃으로 쓰는 매운 문장을
내 살 속에 인두로 오래 새기고 있었다

아코디언

아코디언 음표의 행간에는 아버지 소리가 들려
라스파냐스뇨라 스페인 집시가 들어 있고 무너진 사랑탑이 들어 있어
어린 꽃에 눈 맞추며 아코디언을 폈다 접었다 하는 사이
검은 건반 속 깜깜한 손이 아버지를 끌어당겨 냉기가 방문을 쾅, 닫았다

손수건같이 작고 하얀 세상에서
아버지는 우주를 놓치고 나는 아버지를 놓쳐
하얀 꽃만 불어터진 들판에
새들이 햇살을 스타카토 음절로 찍어내고 있었다

아버지는
아코디언을 안고 즐거운 화성으로 가셨나
속수무책 지워진 이름으로 내 시 속에 누워버린
마알간 낮달 같은 무반주 아버지 노래

음표에 베인 칼바람 속을 걸으며 나도 눈물로 흥얼거리며,

〈
거기서도 잘 지내시겠지
가끔은 마법의 담요를 타고 와서
한밤에 악기 소리 부려놓고 가시는,

처방

마구간에 불길이 치솟아도
소는 뒷다리에 힘을 주고 절대 제집을 나오지 않는다고
집을 지켜야 한다는 일념에 고삐를 세게 끌어도 꿈쩍 않는 황소고집을 부려
그냥 두면 불에 타 죽을 것 같아 힘쓰는 팔뚝들 여럿 덤벼도 소 힘을 당할 수 없어

급기야,
소의 밥그릇을 엎었다

그제야 번뜩, 여긴 내 먹을 것이 없는, 내 살 곳이 아니란 생각에
마구간을 걸어 나온다

엎어진 밥그릇이 황소를 끌어냈다

하느님도 가끔 내 밥그릇을 엎는다
엎어진 밥그릇 틈새로 분노의 검은 김이 끓어
엎질러진 밥그릇만 끌어안는

〈
　우매한 고봉밥, 되새김질하던 날
　목숨의 깊은 골에 들어와 목덜미 낚아채는 놀란 손에서

　극단의 처방이 엎은 내 밥그릇

벌레

몸이 지워지는 마술이 혈관 속으로 들어오자
그 여자는 서서히 죽어가는 벌레가 되어
비로소 보름달이 다리 사이로 봉분처럼 떠올랐다

그 여자는
구석이나 벽을 타고 다니며 높은 구름을 사랑했다
무거운 구름의 성급한 사랑이
붉은 소나기로 쏟아져 몸속을 다녀간 발자국이 유실
됐다

피붙이가 피를 거절해
흔적 없이 깨끗해진 흰 구름처럼
저 문을 나서면 벌레도 감쪽같이 잊고 싶은
다만 통속적인 눈물과 상투적인 기도에 장미꽃을 얹어

수액 똑똑 떨어지는,
흐릿한 퍼즐들이 돌아와 제자리 찾아가는 동안
벌레는 서서히 인간으로 탈바꿈한다
누군가 남은 안개를 왈칵 밀쳐 내며 부르는 소리

벌레님 정신이 드시는가요?

귀

앞산도 해지면 종일 바람 들끓은 제 귀 산그늘에 파묻은 후에야 잠을 청하고

썰물도 밀려나며 파도 들끓은 고막 뻘밭에 버리고 수평선 쪽으로 몸을 기운다

고호의 귀는 제 생의 화폭을 피로 물들인 해바라기 따라 밀밭에 눕고

헌 구두는 의자에 앉아 남은 한 쪽 귀를 망연히 바라보는 자화상으로 걸렸다

한낮에 돋아난 수천 개의 내 귀는 밤이면 그물에 고인 이명을 지평 밖으로 퍼내고

손바닥만 한 고요에 기대 겨우 잠드는

내 말이 당도하기 전에 떠나 버린 그대 축축한 안부가 귀에 오래 고여 있기도

캡틴

곽 씨 할아버지는 요양원 반장이다
장신에 흰 양복 백구두로 요양원을 장악한다
빙마다 다니며 복지사들 가르치고
소리 지르다
또 쫓겨났다

문밖 저승 끈 잡고 놀다 자식들 혼줄 빼놓고
치매 등급 판정 날엔 옛날 배운 티 하늘을 찔러
뉴스가 따라준 차를 마시며 세계정세 청산유수라
제 연설에 흡족한 듯,

새 요양원으로 옮기면 새 완장을 차고
호각 불며 새벽부터 부하들 깨우느라 하루가 바빠진다

입소문에 그는 인제 모든 요양원에서 퇴출당했다
캡틴인 그의 유식을 몰라주는 것들에 화가 나
지금 하늘 더 높이 계단을 밟고 오르는 중이다

통사정해 들어간 마지막 요양원

거울 앞에서 정중히 허리 굽혀 인사하고
백구두로 열심히 스텝을 밟아가며
저쪽 세상 캡틴으로 슬로우 슬로우 퀵퀵,

남과 여

기네스북에도 오른 파타야의 관광 밤무대
여자보다 더 여자 같은 미인들의 잔치
섬뜩한 치마 속
측은한 치마 밖

조명 따라 남과 여가 오버랩 되는
너는 누구인가,
화려한 춤 불빛을 삼킬 듯한 무대 위로

하느님도 내려와 보시고
목젖 울컥울컥 분노를 밀어내는 목울대에
놓친 것이 무언지
잘 기억해 사인하시고

커튼콜 뒤
그들은 어디로 가고 있나 무대 뒤 맨몸의 끝은 어디
인가

빨갛게 칠한 입술에서 캉캉춤의 붉은 드레스 속에서
밤마다 한 움큼씩 쏟아져 나온 별이

하늘로 오르지 못하고 무대만 쾅쾅 울리는
십만 관객의 우레 같은 박수 소리

쓴웃음 같은

지우개

그녀는 뇌 속에 지우개를 넣고 다니다
길을 가다 밥을 먹다 무작위로 한 바닥씩 지워버린다
헝클어진 길로 기억의 중력이 기울고 있다

이음새 느슨한 뇌 벽 사이로 불현듯
동면하던 시간도 폭우도 달려 나와
생애 절반을 한순간에 지우고
처음 뵙는 공손한 인사를 한다

전류가 끊어질 듯 위태로운 금을 밟고
시작과 끝을 모르는 길을 주술 외듯 뛰어다니다

오늘은
깊은 산 속에 묻어 놓은
손바닥만 한 햇빛 한 쪼가리 꺼내 보며
묻는다

나는 누구세요?

비상

　병상에서 태아처럼 구부린 어머니는
　몸속 고샅길 따라 홀로 우주로 통하는 길을 내고
있었습니다
　골목을 지나 혈육을 건너 살 속에 박힌 그녀의 하
느님도
　행방이 오리무중이라

　헐렁한 환자복 단추 사이 희미한 골짜기로
　한 가닥씩 우주 귀퉁이로 길이 방류되어
　단추 끝에 매달린 편두통의 전류도 끊어진 날
　내 이름도 가볍게 봉합되고
　지상의 목록에서 어머니는 지워졌습니다

　새 옷 한 벌 고샅길 따라 날아오르며 문장 한 줄
뚝, 끊어지고
　끊어진 이름의 뜨뜻한 체온을 놓지 못해
　오늘도
　나는 무중력의 천공에 서 있습니다

몸 비늘

시퍼런 바다 한 입씩 물고 던져진 고등어 입속에서
죽은 파도가 거품을 껴안고 있다
늦은 저녁 시장통 좌판 불빛에
왕소금으로 간을 친 짠 내가
시커먼 비닐봉지 속 허기로 구겨지는 지폐

달빛이 힘겹게 무릎 관절을 일으켜주는 할머니 어둑한 몸에
종일 독하게 눌어붙은 몸 비린내
때 절은 수건으로 턱 턱, 막막한 달빛을 털어내니
소매 끝에 졸던 별들이 우수수 떨어진다

하루치의 삶이 다 소진된 좌판
비릿한 물기 밤하늘에 축축이 퍼지고
파장하고 돌아가는 발목을 뜨뜻한 아랫목이 앞서 끌고 간다

내일 아침이면 또 지구의 시장통에 먹이를 물어오는
새 비늘이 발바닥에 돋아
할머니는 좌판 앞에 힘 있게 무릎을 구부리겠지

봉순이

 똥그란 얼굴에 손끝이 매운 봉순이는 열여덟에 전라도 깡촌에서 우리 집으로 왔다 이쁜 동생처럼 우릴 둘러앉혀 고구마와 찐빵 국수도 금방 말아준, 몸은 부엌에 있어도 눈은 우리에게 있었던 엄마보다 더 엄마 같았던 열여덟 살 봉순이, 오지랖 넓은 우리 할머니 길 가는 이 오며 가며 불러들여 밥 먹이고 싸 주고 객식구 북적대는 우리 집 일거리 너무 많아 보따리 싸서 가버린 봉순이, 부엌이 휑해졌는데 밥그릇에 온기가 달아났는데 한 번도 언니라 부르지 못해 가고 난 후에야 혼자 말한 언니가 입속에 오래 남았다 십 년도 지난 어느 날 이사 간 집 찾아온 봉순이, 우리가 보고 싶어 왔다는 말에 심장에 쿵, 뜨거운 소리 어린 날 남의집살이, 주인집 아이들이 보고 싶어 왔다는데 까마득히 잊고 있었던 내가 너무 작고 부끄러워 마음이 저절로 구부러졌다 추운 세상에 숨은 꽃이 환히 고개 내민 것 같았다 봄의 체온이 전해왔다 언니란 말이 오래 얹혀 뒤늦은 그리움에 언젠가 만나면 세상에서 제일 따뜻한 고봉밥 한 끼 꼭 지어 주리라 별이 소복한 따뜻한 밥을

■□ 해설

무위(無爲)와 순수를 통한
우주적 근원성의 회복

김윤정(문학평론가)

　장순금 시인의 시적 언어가 향해 있는 곳은 그리 단순하지 않다. 가장 안정되고 고요한 은유의 언어이지만 그것이 지시하는 것들의 폭을 가늠하는 일은 그리 녹록한 일이 아니다. 온전한 서정의 음색으로 쓰인 그의 시들을 접하는 순간 독자는 거센 소용돌이에 휘말리듯 미지의 세계로 끌려가게 된다. 시인의 시는 그렇게 표면과 이면의 전혀 뜻하지 않은 어긋남과 뒤틀림으로 빚어져 있다. 일견 접하게 되는 언어가 고요와 평온의 그것이라면 그것이 놓여 있는 지대 자체는 온통 격랑과 혼돈으로 가득차 있는 곳이다.
　이러한 불일치는 어디에서 비롯되는 것일까? 언어의

정제됨과 세계의 카오스는 서로 만날 수 있는 요소들인가? 이러한 모순은 단적으로 말해 시인의 오랜 숙련의 언어와 함께 구축된 생의 철학에 기반하는 것일 테다. 그의 시를 이루는 한켠에 언어의 제련된 성채가 놓여 있다면 다른 한켠에는 그와 병립하였을 생에 관한 깊은 통찰이 작동했을 것이라는 점이다. 장순금 시인의 시는 시를 형성하는 이 두 축이 어떻게 서로를 견제하면서 시적 상태로 구현되는지에 관한 하나의 양상을 우리에게 보여준다. 그의 시는 생의 혼란스런 와중에 언어적 긴장이 아슬아슬하게 걸쳐져 있는 형국이다. 그의 시는 시적 언어의 제련을 추구해야 함과 동시에 생의 거칠고도 황망한 실상을 응시해야 하는 불안하고도 치열한 과정을 온전히 담아내야 했던 것이다.

  이러한 긴장의 시간들을 시인은 어떻게 견뎌왔을까? 시인이 추구했을 언어의 정돈은 그가 인식하는 생의 실상 앞에서 급격히 요동쳤을 것이다. 시인이 응시하는 생의 국면들은 그의 언어를 고요와는 전혀 다른 곳으로 질질 끌고 가려들었을 것이다. 시인은 이러한 격동의 한가운데에서 그만의 독특한 철학을 빚어가게 된다. 요컨대 그의 시적 언어가 단지 생의 경험적 사실들을 단선적으로 표현하는 데서 그치지 않고 생을 둘러

싼 시간의 무한한 겹들에 대한 통찰과 그 너머의 세계에 관한 인식들을 포회하는 동안 시인은 흔들리듯 비틀거리듯 이 모든 혼란들 위에서 스스로 고요할 수 있을 자신의 생의 철학들을 구축하게 되었던 것이다.

    한 사람이 몸속을 지나가는 동안
    몸 밖은 백 년이 흘렀어

    시작은 책 속에 끝을 숨기고 문장으로 나를 눌러 놓았어
    심야를 달리는 트럭의 깜깜 속도 속에 우리를 숨겼어
    생략된 세상에서
    도벽처럼 가지에 앉아 떠는 동안
    바람 사이로 피로 물든 잎들을 낳았어
    한 알도 부화되지 못한 잎들은 스스로 숨을 끊어
    죽은 기억 속으로 들어갔어

    우리는 아무도 새가 되지 못했어

    기억이 죽음 같은 고요에 발이 빠져
    비릿한 향내를 봄의 무덤에 뿌리고

책 속에 숨은 무수한 벽이 서로 눈물을 닦아주며 죽
은 잎들을 펄럭이고 있었어

　　나는
　　천천히 물처럼 흘러내리고

　　한 사람이 지나가는 동안
　　몸 밖은 보이지 않았어

　　　　　　　　　　　　-「지나가는 동안」 전문

　　인간으로서의 한 존재의 있음은 어느 정도로 뚜렷하고 확고한 것일까? 지금 여기에 실재하는 나의 있음은, 이렇게 분명하고 버젓함에도 불구하고, 그러나 그것은 아무것도 아닌 것이다. 어떤 이는 그것을 흔적이라 일컬으며 존재의 이 같은 가벼움이 무섭다고 한 바 있거니와, 그러했던 그는 지금 실제로 이 세상에 없다. 흔적이란 분명 실체가 있었으되 그것이 소멸하여 결국 실재했음의 증거마저 사라져 버릴 때의 사태에 해당한다. 그런 점에서 존재감을 얻으려 제 아무리 온몸으로 발버둥 치더라도 인간 존재가 흔적에 불과함은 너무도 명확한 진실이다. 우리는 모두가 동등하게 일말의 예외도 없이 바람 같은 존재들, 흔적들인 것이다.

주목할 것은 이 같은 의심의 여지없는 뚜렷한 생의 진리 앞에서의 시인의 태도에 있다. 대부분 외면하고 회피하게 되는, 따라서 인식의 매서움으로부터 자신을 보호하여 무덤덤하게 일상의 더미들을 살아내기 마련인 대개의 경우와 달리 시인은 퍽 다른 모습을 보여주고 있는 것이다. 그는 인간이 왜 흔적에 불과한 존재인가를 논리적으로 규명할 정도로 날카로운 직관을 발휘한다. 그것은 시간의 문제일 것인데, 시인은 "한 사람의 몸속을 지나가는 동안 몸 밖은 백 년이 흘렀어"에서처럼 존재의 내부와 외부를 가르는 시간성의 차이를 이토록 분명하게 규명하고 있음을 알 수 있다. 인간은 자신을 관통하는 시간이 우주적이고 보편적인 것이라 믿지만 그것이 얼마나 커다란 착각에 해당하는 것인가 하는 것이다. 사실상 우주적 시간은 존재의 찰나적 시간성과 무관한 채 무한히 순환하는 영겁의 그것이기 때문이다. 이러한 보편적인 우주의 시간성에 인간은 얼마나 편승하고 편입되어 있는가. "우리는 아무도 새가 되지 못했다"고 하듯 시인의 통찰에 따르면 인간의 시간성은 우주의 그것과 철저히 단절되어 있다.

인간이 살아내야 하는 시간성은 기껏해야 "심야를 달리는 트럭의 깜깜 속도"에 불과하다. 시인의 표현처럼 인간은 맹목의 시간성에 휘감긴 채 살아가는 존재가 아니겠는가. 이러한 시간성에 갇혀 있는 인간이란 우주의 영원성에 비추어 "생략된" 존재에 다름 아니다. 영겁의 우주는 인간의 현존을 있어도 그만 없어도 그만인 "생략된 세상"으로 내몰기 마련이다. 이 속에서 인간은 "도벽처럼 가지에 앉아 떨"며 "바람 사이로 피로 물든 잎들을 낳"을 뿐이다. "잎들은" "한 알도 부화되지 못하"고 "스스로 숨을 끊"곤 한다.

시인이 묘파하는 인간의 실상은 결코 낙관적이지 않다. 영겁의 우주로부터 떨어져 나온 인간은 죽음의 "비릿한" 기억을 벗어나지 못하고 발버둥치면서 헤맬 따름이다. "죽음 같은 고요"는 인간의 발목을 끌어 채고는 그를 인간의 시간성으로부터 헤어 나오지 못하도록 몰아간다. "한 사람이 지나가는 동안 몸 밖은 보이지 않았어"는 시야를 가리는 인간의 맹목의 시간성을 의미하는 한편 존재의 안과 밖 사이의 현기증 나는 시간성의 격차를 암시한다. 인간의 비극적 시간성은 인간이 영겁의 우주 한복판에서 존재의 근거를 상실한 미아가 되게 하기에 충분하다. 이는 인간이 지금 여기에 이처럼 명백히 있으되 없음과 다르지 않는 것이며 존재하되 흔적일 뿐이라는 사실을 말해준다. 이같이 버젓하게 살아 숨 쉬고 있지만 이것이야말로 실상의 인간에 해당한다는 것이다.

시간성을 통해 인간 존재를 규명하려는 시인에게 "거품"과 "허공"은 그 비극성과 허무함을 단적으로 나타내는 이미지라 할 수 있다. 「수평선」, 「거품이야기」, 「거품」, 「하중」, 「알몸」, 「비상」 등에 등장하는 이들 이미지는 시인이 인식하는 인간의 생의 조건이 얼마나 철저하게 허무하고 비극적인 시간성 위에 구축되어 있는 것인지 말해준다.

> 수족관 속,
> 꽃게는 큰 집게로 덥석 잡은 수평선을 아직 놓지 못하고 있다
> 뼛속까지 물고 있는 속수무책의 물거품을
>
> 주파수에 끓는 비릿한 기포에 싸여
> 제 몸에서 바다가 다 빠져나간 줄도 모르고
> 수평선에 이르는 당찬 꿈을 꾸던
> 〈

한 시절
꽃 같은 몸으로 받아낸 포말의 은빛 몽환에
아직 젖어 있다

보아라,
열려 있는 바다의 더운 피에
절명의 집게로 걸어둔 네 기억의 물결을 놓아라
등허리 피딱지로 굳어진 시간도
네 등 밟고 가는 물거품인 것을

-「수평선」 전문

  인간이 영겁의 우주로부터 떨어져 나와 개체적 시간성 속에 유폐되는 존재라 했을 때 위 시에 등장하는 "수평선"을 그리워하는 "꽃게"는 이에 대한 명징한 형상화가 된다. 그것은 영원을 꿈꾸는 인간의 모습과 다르지 않기 때문이다. 특히 "바다"와 단절되어 "수족관"에 잡혀 온 순간의 "꽃게"는 우주의 영원한 시간성으로부터 이탈된 유한한 인간의 운명을 환기시킨다. 영겁의 시간성 속에서 영원히 순환하는 우주의 좌표에 비할 때 인간은 부박하고 초라하기 그지없다. 인간의 삶은 주어진 유한성을 부여잡은 채 이를 지키기 위해 전 생애를 투여해야 하는 고달프고도 하릴없는 존재다. 우주의 시간성과 비껴있는 이러한 인간의 조건은 인간으로 하여금 영원에로의 초월을 꿈꾸게 하곤 하지만 그것은 "수족 속 꽃게"의 "기억"만큼이나 허망한 것이다. 유한성은 인간의 열렬한 꿈마저 모호한 허상으로 만들어 버리기 때문이다. 인간의 시간성이야말로 인간을 스스로 고독한 개체 속으로 빨아들이는 음험하고도 깊은 동굴과 같다. 이속에서 인간이 탈출할 길은 과연 존재하는가.

  인간 존재에 관한 시인의 이러한 인식은 위 시에서 "수평선"에 대한 기억이 "포말의 은빛 몽환"이자 "속수무책의 물거품"이 되어버린 "꽃게"를 통해 구현되고 있는 것이다. "수족관"에 갇힌 "꽃게"에게 바다에 대한 기억은 흔적도 없이 사라지는 신기루 같은 것이 되어 버린다. 영원한 지평에 대한 기억의 소멸은 흔적으로서의 개체의 존재성을 더욱 강화한다. 그것은 "꽃게"가 결국 아무것도 아닌 존재에 해당함을 의미한다. "꽃게"가 일체화할 수 없는 "바다"는 "꽃게"에게 있어 이미 실재하지 않는 몽상이자 환상으로 전락한다. 이제 "꽃게"에게 "바다"는 사실상 있어도 있지 않은 것, 확고하면서도 불확실한 것이다. 기억이 환상이 되고 열망이 몽상이 되는 지점에서 남는 것은 "꽃게" 스스로에 들러붙어 있는 "등어리 피딱지로 굳어진 시간", 곧 "꽃게"의 개체적 시간성일 뿐이다. 이처럼 영원의 지평으로부터 영구히 단절된 "꽃게"의 운명을 가리켜 시인은 "밟고 가"야 하는 "물거품"이라 말하고 있다.

  영원히 "바다"와 유리되어 경험적 기억이 몽환으로 변하는 과정을 감내해야 하는 "꽃게"의 모습은 우주의 근원으로부터 떨어져 나온 채 살아가는 인간의 실존과 그대로 일치한다. "바다"에의 기억으로 몸부림을 치면 칠수록 그것이 게거품이 될 뿐이라는 현상 또한 인간의 허무한 운명을 사실적으로 나타내는 대목이다. 이러한 사태는 매우 절망적인 것이다. 자신의 유한성을 초월하여 영원성에 닿으려는 꿈마저 허상이 되어버리는 이 같은 상황은 인간이 선택할 수 있는 일이 별로 없다는 것을 의미한다. 이러한 비관적인 상황에서 인간이 할 수 있는 일은 과연 무엇일까 하는 것이다.

    햇살이 곱게 빻은 빛을 먹고 자란
    잘 익은 참나무가
    〈

산에서 내려와

제 몸 쪼개
날것은 익혀주고 추운 손 데워주고 은근히 눈 맞추며
태양의 아궁이 속에서 오래 구워져
묵언의 깊은 자정에 순하게 익어가는 숯이 되고 싶었다

아름다운 것은 손을 대면 피가 그을려

처음,
세상 색 다 섞은 깜장색 파스텔이 손에 왔을 때
천 개의 색은 무념무상이 다듬은 한 가지 빛이었다

첫 손으로 그린 나무의 몸
속살 헝클어 일필로 엎지른 몸통에 무너진 봄, 검은 봄

날리는 파스텔 잿가루 허공으로 무위를 달려
마음을 태우고
색을 태워
봄의 숯덩이에 그을린 피, 불씨로 안고 있는

— 「숯」 전문

허무할망정 영원성을 향한 그리움을 여전히 버리지 못하고 이를 마음에 품고 사는 대신 그것을 허상이자 몽상이라 규정하는 시인의 태도는 매우 냉정한 것이다. 인간 존재의 실상에 눈감은 채 그것이 무엇이든 환상을 만들어 좇는 것이 대부분인 인간들 사이에서 인간의 운명을 에누리 없이 허망한 것이라 결론 내는 시인의 인식은 매우 단호한 것이다. 그러나 시인의 경우 이러한 냉철함은 시인의 고유한 생의 철학을 이끌어내도록 하는 기반으로 작용한다. 그것이 곧 무위(無爲)의 철학이다. 모든 행위에 있어서의 사라짐을 목적으로 하는 것, 그것이 영원한 근원성에 근거한 것이 아니라 인간의 존재 조건답게 아무것도 없는 허공에서 피어나 허공을 향해 이루어지도록 하는 것, 허무를 허무로 용인하고 무(無)를 이루는 행위 자체를 사랑하는 것, 이것이야말로 시인이 정한 나아갈 길이며 무위의 철학이라 할 수 있다. 위 시의 "숯"은 시인의 이러한 인식과 철학을 효과적으로 구현하는 매개체에 속한다.

위 시에서 "숯"은 "햇살이 곱게 빻은 빛을 먹고 자란 잘 익은 참나무"인 데서 짐작할 수 있듯 자신의 고유한 시간성을 지녔으되, 결국 "제 몸 쪼개" 자신을 무(無)로 환원시키는 존재로서 상정되고 있다. 시에서 묘

사되는 "숯"은 자신을 무화시켜 "날것은 익혀주고 추운 손 데워주는" 존재이자 "묵언의 깊은 자정에 순하게 익어가는" 매우 특수한 존재다. 특히 "숯"은 자신의 개체성 속에 갇히는 대신 스스로를 산화시킴으로써 "허공"이라는 무의 공간으로 나아가거니와 이러한 행위를 가리켜 "숯"의 무위성이라 할 만하다. "숯"의 무위성은 "세상 색 다 섞은 깜장색 파스텔"이라든가 "천 개의 색은 무념무상이 다듬은 한 가지 빛"이라는 구절에서도 선명하게 표현된다. "숯"은 실로 본래의 무수하고 다양한 색채들을 환원시켜버린 말 그대로의 무의 색을 띠고 있는 것이다.

　이러한 무채색의 "숯"이 재가 되어 "허공으로" 날릴 때 그것은 "마음을 태우고 색을 태워" 세상의 "무위"의 지대로 진입하게 될 것이다. 그리고 이때의 무위는 결과는 무(無)이되 과정에서는 행동이자 실천이 된다는 점을 우리에게 보여준다. 이러한 무위(無爲)에 대한 관점은 인간 조건에 대한 허무적 인식 후에 시인이 보여주는 생의 철학과 관련되는 것으로, 허무를 패배와 좌절로서 전유하는 대신 허무를 승화시켜내는 태도라 할 수 있다. 시인에게 무위(無爲)는 허무에 저항하기보다 이를 긍정할 때 가능해진 것이거니와, 이를 통해 시인은 인간 존재성의 허무의 깊이에서 빠져나올 수 있게 된다. 이와 같은 무위의 자세는 시인의 경우 순수에의 의지로 이어진다.

   할머니는 목욕탕 샤워기 앞에서 몸을 수십 번 헹구고
또 헹궈낸다
   몸뚱어리에서 먼지와 오물이 쉴 새 없이 묻어나오는지
두 시간째 샤워기 앞이다

   땡볕에 무방비로 삐져나온 살 속으로
   흙바람 욕설 눈총이 박혔는지, 악취도 몸속을 뚫고
들어왔는지
   버려진 시간들이 할머니 발바닥에 달라붙어
   세척을 강요하는가 보다

   할머니는 몸을 바꾸고 싶었을까, 물로 수백 번 씻어내면
   오늘의 골판지 빈병 리어카가 내일은 가벼운 악보로
바뀔지 몰라
   햇살이 몸 덥히는 따끈한 생이 아침 밥상에 오를지도,

   날마다

내일은 향긋한 몸으로 햇살을 주워야지, 깨끗한 신발
로 순정한 시간을 걸어야지
갓 나온 싹을 주워 서쪽에 버려진 봄을 사야지

한 번쯤은
비탈진 척추를 볕에 세우고 고른 길 오르고 싶었을까

할머니는 등껍질에 수백 번 물을 끼얹으며
남루한 생을 씻고 또 씻고,

- 「얼마나 많은 물이 순정한 시간을 살까」 전문

 영원한 시간성과 분리된 인간의 시간성이 인간을 개체적 고독 속으로 몰아가는 현상을 두고 이를 허무로 인식하지 않는 태도는 사실상 위험한 것이다. 인간 조건의 허무성에 대한 무자각은 인간을 끝없는 세속의 나락으로 떨어뜨릴 것이기 때문이다. 인간의 생을 허무한 것으로 여기는 관점에는 절대적 세계에 도달할 수 없다는 데서 오는 좌절이 깔려 있다. 요컨대 인간의 시간성에 관한 허무에의 인식은 절망적이지만 그것은 우주의 영원한 지평에 대한 동경을 전제할 때 가능

한 의식이라는 것이다. 이점에서 인간에게 우주적 영원성은, 설령 그것을 꿈꾸는 것이 허상이라 할지라도, 인간을 무자각의 상태로 전락하지 않도록 해주는 안전판의 역할을 해주는 것이라 할 수 있다. 우주적 영원성과의 단절에 따른 허무에의 자각은 인간을 절망에 빠지게는 할지언정 적어도 그를 타락하게는 하지 않을 것이라는 점이다. 이는 바꾸어 말하면 우주적 영원성이란 인간에게 존재하지 않는 허상이지만 그렇다고 완전한 부재의 것이라고도 말할 수 없음을 의미한다. 그것이 허무로서 전유된다 할지라도 우주의 근원성에 관한 자각이야말로 인간의 삶의 태도를 다르게 이끌 것이라는 점에서 그러하다.

장순금 시인의 시적 궤적을 따라가다 보면 인간에게 영원한 시간성이 지니는 의미가 여러 층위에서 발휘되며 서로 역설의 관계를 취하고 있음을 알 수 있다. 인간의 개체적 시간성과 구별되는 우주의 시간성은 인간에게 있어 그 존재와 부재가 뒤엉켜 있다. 그것은 인간의 개체적 시간성과 구별된다는 점에서 없음으로 전유되지만 그에 대한 의식이 전제됨으로써 있음이 되기도 하기 때문이다. 그것은 인간의 시간성에 개입하지 않는다는 점에서 허상이지만 동시에 그에 관한 허무에의 자각은 인간의 삶에 영향을 준다는 점에서 실재이다. 말하자면 그것은 우주적 실재이되 인간적 부재이고 객관적 부재이되 주관적 실재가 된다.

  우주의 절대적 지평을 둘러싼 시인의 이 같은 객관적이고도 주관적인, 그리고 냉철하고도 뜨거운 의식은 그를 허무에의 인식으로부터 순수에의 의지로 나아가게 한다. 순수에의 의지는 우주로부터 단절된 인간의 개체적 시간성이 시간의 축적을 거듭해갈수록 인간을 왜곡시키고 오염시킬 것이라는 점에서 비롯한다. 따라서 그것은 위 시에서처럼 "할머니"가 "등껍질에 수백 번 물을 끼얹으며/ 남루한 생을 씻고 또 씻"는 행위로 구현된다. 그것은 "순정한 시간을 살"기 위해 "할머니"가 "목욕탕 샤워기 앞에서 몸을 수십 번 헹구고 또 헹귀내는" 행위에 견줄 만하다. "몸뚱어리에서 먼지와 오물"을 모두 씻어내기 위해서는 "얼마나 많은 물이" 필요한 걸까? 분명한 것은 "땡볕에 무방비로 삐져나온 살 속으로" 속속들이 박힌 "흙바람 욕설 눈총", "악취", "버려진 시간들"을 모두 맑고 깨끗하게 씻어내려면 "두 시간"이고 세 시간이고 하염없이 많은 시간들이 필요하다는 것이다. 이러한 순수에의 의지를 통해 "순정한 시간"을 마주했을 때엔 "할머니"의 시간들은 "골관지 빈병" 가득한 오늘로부터 "내일"의 "가벼운 악보"로 전환될 수 있을까? "내일은" "향긋한 몸으로 햇살을 주울" 수 있게 될 것인가?

위 시의 "남루한 생을 씻고 또 씻"는 행동에서 나타나는 순수를 위한 시간들은 시인에겐 인간의 고립된 시간성에 따른 좌절이나 비관이 아닌 또 다른 실천이자 희망의 의미를 띠는 것이다. "갓 나온 싹을 주워 서쪽에 버려진 봄을 사야지"라는 화자의 밝은 음성은 씻어냄을 통해 얻게 되는 "순정한 시간"이 시인에게 어떤 의미를 지니는지 암시해준다. "순정한 시간"은 어쩌면 시인에게 개체적 시간성 속에 고립되어 오염의 길을 걷던 존재가 또다시 우주적 근원과 합치될 수 있는 길을 열어주는 것이라 인식되는 듯하다. 말하자면 순수에의 의지는 그것이 인간의 시간성을 되돌이킬 때 우주의 근원적 시간성으로부터의 단절을 극복하게 해줄 요인이 될 것이라는 점이다. 그저 선험적으로 부여된 것이 아닌 까닭에 인간이 스스로 회복하는 순수성은 허무한 인간의 조건을 초월하여 영원성에의 꿈을 꿀 수 있게 하는 것이 아닐까 하는 것이다.

인간 조건에 대한 냉철하면서도 철저한 응시는 시인의 인식을 혼란의 지대로 이끌어 간 것이 사실이다.

인간 존재의 실상을 인식하기 위해 응시해야 했던 지대는 존재와 부재가 뒤엉킨 모호하고도 역설적인 우주적 지평이었기 때문이다. 흔히 상상으로써 전유되는 이 지대에 시인은 날카로운 인식의 촉수를 드리워 이를 논리적으로 규명하는 작업을 행하였음을 알 수 있다. 그것은 시간성을 통해 규명될 수 있었으며 인간의 개체성과 우주의 보편성 사이의 간극으로써 규정될 수 있는 것이었다. 이에 대한 인식은 시인을 허무의식으로 이끌고 갔지만 시인은 이를 바탕으로 자신의 고유의 철학을 구축하게 된다. 무위와 순수에의 지향성이 그것인바, 시인은 행위의 무위성과 시간의 순수성을 통해 스스로를 무로 환원시키고 인간의 개체적 요소들을 지워나가고자 하였다. 이러한 행위들은 시인에게 이후의 생의 국면을 이루게 할 요소들로서, 이들을 통해 시인은 단절되었던 우주적 근원성에 닿고자 하는 무위롭지만 순수한 꿈을 또다시 꿀 수 있게 될 것이다.